¿También te gusta?

por Stefanie Langer
ilustrado por Rosario Valderrama

Scott Foresman

¿Te gusta hacer esto?

Sí, a mí también me gusta nadar.

¿Te gusta hacer esto?

No, yo no me lavo como él.

¿Te gusta hacer esto?

Sí, a mí también me gusta volar.

¿Te gusta hacer esto?
No, yo no como así.

¿Te gusta hacer esto?

Sí, a mí también me gusta saltar.

¿Te gusta hacer esto?
No, yo no busco comida como él.

¿Te gusta hacer esto?

Sí, a mí también me gusta jugar.

¿Y a ti?